# BEI GRIN MACHT SICH IHR WISSEN BEZAHLT

Steffen Gansmann

# Kirchenbücher - Aufgaben, Quellengehalt, Bestände und Bestandssicherung, Auswertungsmöglichkeiten

GRIN Verlag

**Bibliografische Information der Deutschen Nationalbibliothek:**

Die Deutsche Bibliothek verzeichnet diese Publikation in der Deutschen National-
bibliografie; detaillierte bibliografische Daten sind im Internet über http://dnb.d-
nb.de/ abrufbar.

**Impressum:**

Copyright © 2010 GRIN Verlag, Open Publishing GmbH
Druck und Bindung: Books on Demand GmbH, Norderstedt Germany
ISBN: 978-3-640-77403-6

**Dieses Buch bei GRIN:**

http://www.grin.com/de/e-book/161096/kirchenbuecher-aufgaben-quellengehalt-
bestaende-und-bestandssicherung

**GRIN - Your knowledge has value**

Der GRIN Verlag publiziert seit 1998 wissenschaftliche Arbeiten von Studenten, Hochschullehrern und anderen Akademikern als eBook und gedrucktes Buch. Die Verlagswebsite www.grin.com ist die ideale Plattform zur Veröffentlichung von Hausarbeiten, Abschlussarbeiten, wissenschaftlichen Aufsätzen, Dissertationen und Fachbüchern.

**Besuchen Sie uns im Internet:**

http://www.grin.com/

http://www.facebook.com/grincom

http://www.twitter.com/grin_com

# Kirchenbücher

Aufgaben, Quellengehalt, Bestände und
Bestandssicherung, Auswertungsmöglichkeiten

SE

„Serielle Quellen zu Tod und Trauer in der frühen
Neuzeit"

# Inhaltsverzeichnis

**Was sind Kirchenbücher?**

Kirchenbücher oder Urkundsbücher [1] sind Matrikel, also ein Personenverzeichnis, und verzeichnen die durch den örtliche zuständigen Pfarrer vorgenommen kirchlichen Handlungen[2]. vorrangig zu Sakramentsspenden wie Taufen, Konfirmationen, Heiraten und Beerdigungen.

Es handelt sich hierbei um im 16. Jahrhundert durch Kirchenbeschlüsse eingeführte [3] Pfarr- und Gemeinderegister, welche die wichtigsten kirchlichen Amtshandlungen gegenüber den Gemeindemitgliedern und die für den privatrechtlich, standesmäßigen sowie staatsrechtlichen Status des Individuums nötigen Angaben verzeichnen,[4] sie stellen somit ein Mittel zur Identitätsstiftung innerhalb einer Gemeinschaft dar.

Die Kirchenbücher enthalten Aufzeichnungen darüber, wer wann geboren, getauft, getraut, konfirmiert und beerdigt wurde, sowie darüber, wie die Eltern hießen, die Ehepartner, die Taufpaten und die Kinder. Mehr oder weniger häufig enthalten sie auch Angaben über Lebensalter, Beruf, Ehrenämter oder etwaige Verdienste der Personen sowie vereinzelt Anmerkungen zur Kirchenzucht und chronikalische Berichte.

Die Kirchenbücher sind in ganz Europa, bei Katholiken wie Protestanten, in fast jeder Pfarrgemeinde vorhanden.

Hauptregister sind die Tauf-, Trau- und Totenbücher, welche von sehr kleinen Gemeinden abgesehen in 3 separaten Registern geführt werden.[5] Die Kirchenbücher in den evangelischen Gemeinden wurden in deutscher Sprache geführt, in den katholischen Gemeinden bis weit in das 19.Jahrhundert hinein in Latein.[6]

Weiterhin fanden sie aber auch vereinzelt als Chroniken für regionale Ereignisse Verwendung und es finden sich teilweise noch bis ins 17. Jahrhundert Berichte über Hexen, Wundergeschichten, Himmelserscheinungen und scharfe antikatholizistische Bemerkungen,[7] welche mehr und mehr jedoch im Zuge der Aufklärung einer sachlichen Darstellung wichen und von regionalen Themen zu überregionalen Ereignissen wechselten, [8] was im Zusammenhang mit einem erweiterten Informationsfluss durch das Aufkommen des Zeitungswesens zusammenhängt.[9]

---

[1] Drese 1972a, S. 86
[2] Henning/Wegleben 1991, S. 7
[3] Drese 1990, S. 95
[4] Wagner/Weiss 1994, S. 347
[5] Henning/Wegleben 1991, S. 8
[6] Drese 1990, S. 95
[7] Fuchs 2006, S. 43
[8] Fuchs 2006, S. 43-47
[9] Fuchs 2006, S. 48f.

Die Entwicklung der Kirchenbücher bewegt sich im Spannungsfeld zwischen dem kirchlichen-religiösen Entstehungshintergrund auf der einen und der zunehmend staatlichen Nutzung und Reglementierung der Regierung andererseits, geprägt durch die Subjektivität des Aufzeichnenden, der teilweise im Interesse der Aufgezeichneten handelte.[10]

In den Kirchenbüchern manifestiert sich das prospektive Erinnerungsinteresse der Pfarrer bis hin zu den Amtsinhabern auf dem flachen Land.[11] Sie eignen sich daher weniger zur Konstruktion eines kollektiven historischen Gedächtnisses, als vielmehr zur Rekonstruktion der Formationsbedingungen historischer Wissensschöpfung.[12] Sie geben also nicht über Identitäten Auskunft, sondern über Identitätsangebote für zukünftige Generationen.[13]

Neben den üblichen Kirchenbüchern finden sich auch gesondert für den Hof, Patronatsfamilien, Soldaten, deren Regimentsorte wechselten oder Exilgemeinden wie Hugenotten. Das städtische Gegenstück zu den Kirchenbüchern bildeten die Bürgerbücher, welche teilweise aus dem 13. Jahrhundert stammen, diese sind aber weitestgehend unvollständig, befassen sich ausschließlich mit städtischen Belangen und sind in punkto Quellengehalt nicht mit den Kirchenbüchern vergleichbar.[14]

Abschließend kann gesagt werden, dass regional und auch zeitlich bedingt viele verschiedene Formen der Kirchenbuchführung existieren. Am weitesten verbreitet ist jedoch eine 4-spaltige Führung nach Geburt, Konfirmation, Trauung, und Beerdigung.

### Taufbücher, Traubücher, Totenbücher

Der größte Wert wird stets den Taufbüchern beigemessen. Sie beinhalten das Datum der Taufe und Konfirmation. Auf der linken Seite des Kirchenbuches wurden die Täuflinge, auf der rechten die Konfirmanden vermerkt.

In ihnen kann, aber muss nicht das Geburtsdatum vermerkt sein. Gemeinhin erfolgte die Taufe aber 3-5 Tage nach der Geburt.[15] Die Reihenfolge der Vor- und Rufnamen ist nicht immer verlässlich angegeben und in frühen Kirchenbüchern fehlen nicht nur die Zunahmen der Täuflinge, sondern auch die Namen der Eltern und Paten.[16]

Uneheliche Kinder wurden teilweise auf dem Kopf stehend eingetragen und spätere Legitimierungen nachgetragen.[17]

---

[10] Wagner/Weiss 1994, S. 347
[11] Fuchs 2006, S.5
[12] Fuchs 2006, S. 5
[13] Fuchs 2006, S.5
[14] Börsting 1959, S.3
[15] Henning/Wegleben 1991, S. 8, Drese 1972, S. 90
[16] Drese 1972a, S. 90
[17] Henning/Wegleben 1991, S. 8

Totgeburten wurden bis ins 19. Jahrhundert in katholischen Gebieten meist nicht als solche angegeben, da man um ihr Seelenheil fürchtete oder es kam trotz Totgeburt des Kindes zu posthumen Zwangstaufen.[18]

Das nächste Register stellen die Traubücher dar, regional bedingt auch als Tabula nuptialis, Hochzeits- oder Kopulationslisten bekannt.[19]

Im 16. Und 17. Jahrhundert wurden oft nur Name von Braut und Bräutigam sowie das Hochzeitsdatum niedergeschrieben, während Eintragungen nach 1800 Namen der Eltern und Geburtsdaten und weitere Informationen enthalten.[20]

Hierbei ist zu beachten, daß die Trauung meist am Wohnort der Braut erfolgte und die Eintragung nicht selten unter ihrem Mädchennamen bzw. dem des Schwiegervaters erfolgte. Verlobungsangaben, welche verbindlicher gehandhabt wurden als die kirchliche Einsegnung finden sich häufig.[21] Bei Heiraten, bei denen eine Person des Hochzeitspaare aus einer anderen Gemeinde kam, wurde die Herkunft mitangegeben .

Geschiedene Frauen wurden vielfach als Witwen, interkonfessionelle Ehen als Mischehen vermerkt.[22]

In den Totenbüchern, regional bedingt auch als Nekrologien, Totenannalen oder Totenrodeln bekannt, finden sich die Sterbefälle bzw. eher kirchliche Begräbnisse. Sie sind in vielen Orten später als die übrigen Register eingeführt worden, sind allerdings in vielen Orten oft auch älter als die anderen Register [23] und finden sich meist nicht bei der zuständigen Pfarrerei, sondern im Stadtrat.[24] Anfangs waren die Angaben sehr kurz und enthielten weder Alter noch die Namen der Eltern des Verstorbenen, später kamen allerdings mehr und mehr Details wie die Todesursache hinzu.[25] Es wurde nur das Datum des Begräbnisses, aber nicht das Sterbedatum vermerkt,[26] die Altersangaben wurden meist nach Angaben der Angehörigen protokolliert und sind nicht immer richtig.[27] Zahlreiche Todesfälle in Kombination mit Beerdigungen am gleichen Tag lassen auf Seuchen schließen.[28] Hier kann allerdings auch die Registrierung von Beerdigungen sehr ungenau sein, falls der Pfarrer selbst erkrankt war oder

---

[18] Pfister 2007, S. 33
[19] Henning/Wegleben 1991, S. 8
[20] Minert 2004, S. 103
[21] Henning/Wegleben 1991, S. 8
[22] Henning/Wegleben 1991, S. 8
[23] Minert 2004, S. 112
[24] Henning/Wegleben 1991, S. 8f.
[25] Minert 2004, S. 112f.
[26] Drese 1972a, S. 90
[27] Henning/Wegleben 1991, S. 8f.
[28] Henning/Wegleben 1991, S. 8f.

mit den Aufzeichnungen nicht nachkam. [29] Totgeborene Kinder – oft ohne Geschlechtsangabe – werden nur in den Totenbüchern verzeichnet. Eintragungen über ungetauft Verstorbene, im Duell verstorbene, Selbstmörder und Hingerichtete finden sich oft wieder auf dem Kopf stehend. [30]

Für uneheliche Kinder wurden vereinzelt auch separate Bücher geführt. [31]

**Geschichte**

Der Ursprung des Kirchenbuches als Personenregister kann auf eine in der römischen Kaiserzeit bestehende ähnliche Personenstandserfassung, das *album ecclesiaticum* aus dem 2. Jahrhundert zurückgeführt werden, ein schriftliches Geburtsregistiger für Steuer- und Militärzwecke, sowie ein per kaiserlichem Erlass für christliche Gemeinden verordnetem Eheregister. [32]

In der früheren Forschung kam man zu der Annahme, dass Kirchenbücher eine Entwicklung aus der Reformation seien. [33] Dies ist heutzutage weitestgehend widerlegt, jedoch verhalf die Reformation dem Kirchenbuch durch Kirchenordnungen zum Durchbruch und Etablierung in den ländlichen Gebieten. [34]

Bereits 13. Und 14.Jahrhundert sind Kirchenbücher aus Spanien und Italien bekannt. [35]Die ältesten Kirchenbücher im deutschen Sprachraum finden sich 1463 und 1483 in Konstanz und in Zwickau in Form eines Totenbuches von 1502 und eines Trauungsbuches von 1522, [36] bekannt sind schon wesentlich ältere, z.B. Rheine (1345 vermutl.), aber leider nicht erhalten.

Allerdings sind diese meist unvollständig und weisen meist nur den Namen auf, [37] vereinzelt kommt es zum Beispiel im Zwickauer Totenbuch, zu Angabe des Berufs und Alters [38]

Die Entstehung der Kirchenbücher in ihrer bekannten Form ist auf die Verfügungen der diversen regionalen Kirchenordnungen zurückzuführen. Als erste schrieb die Nürnberg-Brandenburgische Kirchenordnung aus dem Jahr 1533 die Führung von Tauf-, Copulations- und Totenbüchern vor. Dabei waren vor allem die Taufregister von entscheidender Bedeutung; sie sollten wiedertäuferischen Bestrebungen vorbeugen.

---

[29] Rösch 1980, S 169
[30] Drese 1990, S. 96
[31] Drese 1990, S. 96
[32] Drese 1972a, S. 87
[33] Henning/Wegleben 1991, S. 7
[34] Drese 1972a, S. 88
[35] Drese 1972a, S. 88
[36] Wagner/Weiss 1994, S. 348
[37] Wagner/Weiss 1994, S. 348
[38] Wagner/Weiss 1994, S. 348

Im Kursächsischen Raum erfolgte der Erlass zur Führung von Kirchenbüchern 1548 durch Georg von Anhalt,[39] welches zu einer Führung der Kirchenbücher mit exakten Daten führte. Durch den Generalartikel von Kurfürst August von 1557 wurde die Verbreitung einer geregelten Kirchenbuchführung auf dem Land beschleunigt.[40]

Auf der katholischen Seite wurde eine Führung von Kirchenbüchern durch das Konzil von Trient 1563 Vorschriften zur Anlage von Tauf- und Traubüchern, welche 1614 durch das *Rituale Romanum* auf Firmlinge und Verstorbene ausgedehnt wurde:[41]

*„Ein Taufbuch werde geführt in den Kirchen, in denen die Taufe gespendet wird. Ein Firmbuch werde geführt in den Kirchen, in denen gefirmt wird. Ein Traubuch [...] Ein Sterbebuch werdenauch in allen Kirchen geführt, in denen Tote bestattet werden. Diese drei mögen von jedwedem Pfarrer geführt werden. Vor allem möge der Pfarrer darauf achten, dass in den Büchern der Getauften, der Gefirmten und ebenso der Trauungen und Verstorbenen nicht nur der Name der Personen, die dort aufgelistet werden, genannt werden, sondern auch die Familie. "*

Der letzte Hinweis, auch die Familiennamen zu verzeichnen, wurde lange Zeit nur mangelhaft befolgt. Die Tauf- und Traumatrikel waren seit dem Konzil von Trient Pflicht, die anderen Beerdigung- und Firmungsmatrikel nicht, wurden aber dem *Rituale Romanum* zufolge für wünschenswert gehalten.

Durch die hessischen Kirchenordnungen von 1566 und 1574 wurde die Kirchenbuchführung für die evangelische Kirch in Hessen geregelt. Erst 1772 wurde für alle Gemeinden eine Führung von 3 separaten Kirchenbüchern beschlossen.

Der 30jährige Krieg unterbrach die Entwicklung hin zu einer geregelten Kirchenbuchführung,[42] doch knüpfte der absolutistische Staat aus fiskalischen, statistischen und militärischen Gründen hieran wieder an.[43] Erst nach der meist im 14. Lebensjahr stattfindenden Erstkommunion konnten Untertanen zur Steuerzahlungen herangezogen werden, so dass dem kirchlichen Nachweis staatliche Bedeutung zukam.[44] Infolge der

---

[39] Wagner/Weiss 1994, S. 347
[40] Wagner/Weiss 1994, S. 348
[41] Henning/Wegleben 1991, S. 7
[42] Wagner/Weiss 1994, S. 348
[43] Henning/Wegleben 1991, S. 7
[44] Henning/Wegleben 1991, S. 7

französischen Revolution fasste die staatliche Personenstandsbeurkundung ab 1798 auch in den besetzten linksrheinischen Gebieten Fuß,[45] wo sie nach 1815 auch beibehalten wurde. In Sachsen zum Beispiel wird die Kirchenbuchführung immer mehr organisiert und strukturiert, so regelt eine Erlass des Kurfürsten von 1799 die Struktur der Einzeleintragungen,[46] welche von dort an bei den Geburts- und Taufeinträgen Tag und Uhrzeit der Geburt, Tauftag, Namen der Eltern, Angaben zu den Paten, Anmerkung über die Zahl der vorherigen Ehen des Vater und die Anzahl der bisherigen Kinder.[47]

Im Zuge der Standardisierung werden die Kirchenbücher mehr und mehr einheitlicher und leichter für die Wissenschaft auswertbar, allerdings verlieren sie im Vergleich zu älteren Kirchenbücher vielfach an zusätzlichen Informationen

Nach 1875 verlieren die Kirchenbücher auch im restlichen deutschen Gebiet ihren amtlichen Charakter durch das Personenstandsgesetz des deutschen Reiches von 6. Februar 1875, welches reichseinheitlich geführte Personenstandregister beschließt, und werden zu rein kirchlichen Quellen. Eine Führung der Kirchenbücher besteht jedoch fort, da sie aus kirchenrechtlichen Gründen zum einen, und als Quelle für den Gemeindebestand und deren Sozialstruktur zum anderen dienen.[48]

**Verwendung als wissenschaftliche Quellen**

Ein erste wissenschaftliche Aufarbeitung der Kirchenbücher erfolgte im englischen Sprachgebiet durch den Hauptmann der Londoner Stadtmiliz John Graunt im Jahre 1661, der durch Geburts- und Totenlisten und Tauf- und Eheregister Auskünfte über das zahlenmäßige Verhältnis der Geschlechter, die Geburten- und Todesfälle als auch über Ausbreitung von Krankheiten gewinnen,[49] und im deutschen Sprachgebiet 1741 durch Johann Peter Süßmilchs Buch "Die Göttliche Ordnung in den Veränderungen des menschlichen Geschlechts, aus der Geburt, dem Tode und der Fortpflanzung desselben erwiesen", in dem er durch Auswertungen von Bevölkerungsentwicklungen die Existenz Gottes beweisen wollte und 1775 durch den Mediziner Johann Karl Wihelm Möhsen, welcher die Entwicklung der Ausbreitung einer Pockenepidemie aus den Kirchenbüchern erarbeiten wollte.[50]

---

[45] Minert 2004, S. 14f.
[46] Wagner/Weiss 1994, S. 349
[47] Wagner/Weiss 1994, S. 349
[48] Henning/Wegleben 1991, S. 8
[49] Börsting 1959, S.7
[50] Börsting 1959, S.3

Die Aufarbeitung der Kirchenbücher wurde bis Ende des 19.Jahrhunderts im deutschen Sprachraum eher vernachlässigt.[51] Anfang des 20. Jahrhunderts entstanden über die Jahre in vielen Regionen Kirchenbuchverzeichnisse in dem die Kirchenbücher der Gemeinden zusammengefasst wurden,[52] die bis in den 40er Jahre des 20. Jahrhunderts regelmäßig in Zeitschriften und Büchern neu publiziert wurden.[53] Ab 1933 staden die Kirchenbücher unter Schriftdenkmalschutz und gehörten ab da an zu den schützenswerten Kulturgütern. [54]Besonders im 3. Reich kam es zu häufigen Neu-Auflagen, da die Kirchenbücher hier für rassenpolitische und weltanschauliche Zwecke Verwendung fanden, so zum Beispiel als Quellenbeleg für sogenannte Ariernachweise.

Kirchenbücher finden heute vielfach bei der Familienforschung Verwendung.[55] Der Umgang mit ihnen ist jedoch für Nicht-Experten äußerst schwer, da sie oft zahlreiche paläographische, sprachliche, rechtliche, kalendarische und kulturgeschichtliche Kenntnisse voraussetzt.[56]

Des Weiteren sind sie wichtigere Quellen für die wissenschaftlichen Bereiche der Volks- und Familienkunde, der Anthropologie, der Geschichte der Medizin, der Soziologie, Statistik und Namensforschung.[57] Sie beantworten Fragen des Erbrechts, der Aus- und Einwanderung und Entwicklung des Handwerks und der Stände und der industriellen Entwicklung.[58]

Kirchenbücher können auch als bevölkerungsgeschichtliche Quelle dienen, da sie zum Beispiel Auskunft über Einwohnerzahlen und Aus-, Ein- und Binnenwanderungen geben sowie über Krankheiten, Ausbreitung von Epidemien, moralische und gesundheitliche Verfassung (Stichwort: Kirchenzucht) der Bürger oder das Erbrecht.[59]

Die Kirchenbücher sind unter sozialgeschichtlichen Aspekten von großem Wert, da sie wie kaum eine andere Quellengruppe die soziale Einbindung des Invidiuums von der Geburt bis zum Tod in der frühen Neuzeit widergeben.[60] Sie geben somit nicht nur die Möglichkeit nahezu vollständige Sozialprofile für jeden Untersuchungsraum und Untersuchungszeitraum zu erstellen, sondern aufgrund ihrer Kontuinität die Beobachtung von Personengruppen und Schichten bezüglich der Veränderung bestimmte sozialer oder ökonomischer Merkmale im Sinne einer historischen Demographie längsschnittartig zu ermöglichen.[61]

---

[51] Börsting 1959, S.4
[52] Börsting 1959, S.5
[53] Börsting 1959, S.5
[54] Drese 1990, S. 96
[55] Henning/Wegleben 1991, S. 7
[56] Henning/Wegleben 1991, S. 7
[57] Börsting 1959, S.2, Drese 1972a, S. 90
[58] Börsting 1959, S.3
[59] Henning/Wegleben 1991, S. 8f.
[60] Drese 1972b, S. 260
[61] Drese 1972b, S. 260

Kirchenbücher können ebenso Quellen für Migrationsbewegungen in der frühen Neuzeit verwendet werden, da in ihnen die Herkunft von Neuzugezogenen separat vermerkt ist.[62] So erfassen sie zum Beispiel vertriebene Pfarrer zu Zeiten der Gegenreformation, Kriegsflüchtlingen können auch so Wirtschafts- und Arbeitmigranten erfaßt werden.[63]

**Bestände und Bestandssicherung**

Aufgrund von menschlichem Versagen, Kriegen und Naturkatastrophen sind viele deutsche Kirchenbuchaufzeichnungen verloren gegangen. Erhebliche Verluste von Kirchenbüchern gab es im südwestdeutschen Raum aufgrund des 30jährigen Krieges und Kriegen mit Frankreich und im nordostdeutschen Raum während und nach dem 2. Weltkrieg.[64] Dennoch konnten etwa 80% aller deutschen Kirchenbücher im Original oder als Duplikate[65] gerettet werden.[66] Auf Anordnung des Reichssippenamtes wurden um 1940 Kirchenbuchaufzeichnungen auf Mikrofilm aufgenommen, dieses Vorhaben wurde aber 1942 bereits wieder eingestellt, da das zur Filmherstellung benötigte Silber für „kriegswichtigere Zwecke" Verwendung fand.[67] Die bis dahin archivierten Bücher stammen primär aus Ostpreußen, Schleswig-Holstein und dem Rheinland, von denen die Originale teilweise zerstört wurden und nur noch auf Mikrofilm existieren.[68] Die Genealogical Society in Salt Lake City, USA begann 1953 mit umfassenden Bemühungen deutsche Kirchenbücher zu verfilmen. Die Sammlung umfasst mehr als 300.000 Mikrofilme, da sind etwa 45% alles vor 1874 aufgezeichneten deutschen Kirchenbücher.[69]

Die Mehrheit der deutschen Kirchenbuchaufzeichnungen vor 1874 sind von lutherischen und katholischen Kirchenarchiven, welcher vermehrt nach 1945 eingerichtet wurden,[70] durch Mikrofilm archiviert worden und können dort eingesehen werden[71] Ebenso finden sich Duplikate von Kirchenbüchern in den Staatsarchiven der Bundesländer, die vom zuständigen Pfarrer den Behörden ausgehändigt wurden und in das Eigentum der Regierung übergegangen sind.[72]

---

[62] Wischhöfer 2007, S. 19
[63] Wischhöfer 2007, S. 20
[64] Minert 2004, S. 11
[65] Drese 1972a, S. 89
[66] Minert 2004, S. 11
[67] Minert 2004, S. 11
[68] Minert 2004, S. 11
[69] Minert 2004, S. 11f.
[70] Minert 2004, S. 17
[71] Minert 2004, S. 12
[72] Minert 2004, S. 18

Anfang der 90er Jahre des letzten Jahrhunderts entstand in der Deutschen Zentralstelle für Genealogie das Vorhaben, eine detaillierte Untersuchung der Kirchenbuchführung im gesamten deutschen Sprachgebiet in die Wege zu leiten.[73]

In den letzten Jahren findet eine Vernetzung der verschiedenen Archive über das Internet beziehungsweise Internetportale statt. Als Beispiel zu nennen ist www.kirchenbuchportal.de [74] , dem Kirchenbuchportal der deutschen Kirchenarchive als seit 2007 bestehender Zusammenschluss aus 65 evangelischen und 2 katholischen Kirchenarchiven und diversen Staatsarchiven, welches zentrale Informationen zu den in den Archiven gelagerten Kirchenbüchern und Kirchenbuchregistern beinhaltet.[75]

---

[73] Wagner/Weiss 1994, S. 347
[74] Wischhöfer 2007, S. 21
[75] Wischhöfer 2007, S. 21

**Literaturverzeichnis**

- Börsting, Heinrich: Geschichte der Matrikeln von der Frühkirche bis zur Gegenwart, Verlag Herder, Freiburg 1959
- Volkmar, Drese: Die Kirchenbücher als sozialgeschichtliche Quellen, in: Genealogie, Band 11, , Verlag Degener, Neustadt/Aisch 1972
- Drese, Volkmar: Kirchenbücher, in: Ribbe, Wolfgang/Henning, Eckart: Taschenbuch für Familiengeschichtsforschung, Verlag Degener, Neustadt/Aisch 1990
- Drese, Volkmar: Kirchliche Quellen, in: Henning, Eckart: Handbuch der Genealogie, Verlag Degener, Neustadt/Aisch 1972
- Fuchs, Thomas: Geschichtsbewußtsein und Geschichtsschreibung zwischen Reformation und Aufklärung – Städtechroniken, Kirchenbücher und historische Befragungen in Hessen, 1500 bis 1800, Hessisches Landesamt für geschichtliche Landeskunde, Marburg 2006
- Henning, Eckart/Wegeleben, Christel: Kirchenbücher – Bibliographie gedruckter Tauf-, Trau und Totenregister sowie der Bestandverzeichnisse im deutschen Sprachgebiet, Verlag Degener & Co, Neustadt an der Aisch 1991
- Minert, Roger P.: Alte Kirchenbücher richtig lesen, E. & U. Brockhaus, Wuppertal 2004
- Pfister, Christan: Bevölkerungsgeschichte und historische Demographie: 1500 – 1800, Oldenbourg Wissenschaftsverlag, München 2007
- Rösch, Siegfried: Kirchenbuch und Einwohnerstatistik, in: Genealogisches Jahrbuch, 20/1980, Zentralstelle für Personen- und Familiengeschichte, Frankfurt am Main 1980
- Wagner, Dirk/Weiss, Volkmar: Die Kirchenbuchführung in Sachsen und Thüringen – Ein Vergleich erster Forschungsergebnisse, in: Familie und Geschichte, Heft 1/1994, Verlag Degener und Co, Neustadt an der Aisch 1994
- Wischhöfer, Bettina: Vom Umgang mit dem kulturellen Erbe Kirchenbuch und andere "Archivgeschichten", Verlag des Landeskirchlichen Archivs, Kassel 2007